M. SCŒVOLA.

TRAGÉDIE

EN TROIS ACTES, EN VERS.

Représentée pour la première fois sur le Théâtre de la RÉPUBLIQUE, le 27 Juillet de l'an 1793 (v. s^le.)

Par le C^en. LUCE, Professeur de belles-lettres, en la ci-devant Université de Paris.

A PARIS,

Chez Louvet libraire au Palais-Égalité,
Et chez les marchands de nouveautés.

L'AN TROISIÈME DE LA RÉPUBLIQUE.

PRÉFACE.

Malgré le favorable accueil que cette tragédie a reçu du public, je ne crains point de dire que les circonstances où elle a été jouée ont nui beaucoup à son succès. Alors dominoit une classe d'ultrà-révolutionnaires, qui, dès la première représentation, s'indignèrent des applaudissements du public, et résolurent de faire tomber la pièce, ou du moins d'en arrêter la représentation. S'ils réussirent dans ce dernier projet, ils furent bien trompés dans le premier, car ce fut à la 4eme représentation qu'on cessa de jouer MUTIUS, et à la 3eme, l'affluence des spectateurs étoit telle qu'ils occupoient jusqu'aux places de l'Orchestre. Mais malgré le suffrage constant et unanime d'un public impartial, malgré l'autorité même de la Convention nationale qui avoit compris MUTIUS SCŒVOLA dans le petit nombre de pièces patriotiques qu'on devoit jouer pendant le tems de la fédération, les acteurs se laissèrent intimider par les murmures de certains individus qui alloient par-tout répétant que la tragédie de M. Scœvola n'etoit point à la hauteur des circonstances, que la générosité de Porsenna étoit un scandale, que Mutius n'étoit qu'un modéré, et qu'enfin pour que la pièce fut à l'ordre du jour, il falloit que l'un accablat d'injures l'ennemi qui lui rendoit sa liberté et s'engageoit encore à respecter désormais celle de sa patrie, et que l'autre s'enfuit épouvanté des menaces d'un homme dont la vie étoit entre ses mains. Enfin le temps de la fédération écoulé, la tragédie de Mutius Scœvola fut reprise, mais on ne tarda point à la suspendre de nouveau, d'après les observations d'un Journaliste; depuis elle n'a point reparu.

Aujourd'hui que les esprits sont plus calmes, je la livre à l'impression avec quelques légers changemens: Content d'avoir trouvé dans l'histoire un sujet vraiment républicain, je n'ai pas prétendu en faire une pièce révolutionnaire: J'ai osé croire que l'amour de la liberté et la haine de la tyrannie étoient tracés dans les rôles de Junie et de Mutius Scœvola avec une énergie à la quelle la feinte modération de Porsenna ne faisoit rien perdre de son effet; que Mutius devoit quitter Porsenna avec fierté, mais sans l'insulter, et qu'enfin Porsenna lui-même, en se retirant pénétré des vertus de Mutius et de Junie, et en disant: JE NE VEUX PLUS COMBATTRE UN PEUPLE QUE J'ADMIRE, offroit un dénouement aussi theatral et non moins flatteur pour les Romains, que s'il fut parti en disant: JE M'ENFUIS PARCEQUE J'AI PEUR. Que le public juge.

Nª. B. Je ne rappellerai point ici ce que j'ai emprunté ou imité du Scœvola de du Ryer, tragédie en 5 actes; je me suis fait un devoir dans le temps de reconnoître les obligations que j'avois à cet Auteur, dont j'ai taché de rajeunir plusieurs beautés.

A LA CITOYENNE BEAUFORT

J'ai balancé long-temps avant de vous offrir l'hommage de cette tragédie : Dédier Mutius Scœvola à l'Auteur du roman de Zilia, de l'Idille sur l'absence, de l'Idille aux Violettes ! . . je craignois d'effaroucher les graces ; mais en me rappellant l'Héroïde de Sapho, en relisant sur-tout celle de Lucrèce, je me suis dit : la Muse de Beaufort est amie de Melpomène, et je vous ai dédié Mutius Scœvola.

LUCE.

PERSONNAGES.

M. SCŒVOLA. amant de Junie.	C. Talma.
PORSENNA. Roi d'Étrurie.	C. Dugrand.
ARONS. Pr^e^ du sang de Porsenna.	C. Monville.
JUNIE. fille de Brutus.	C^e^. Vestris.
FULVIE. Confidente de Junie.	C^e^. Valerie.
MARCILE. Officier Toscan.	C. Després.

GARDES.

SOLDATS TOSCANS.

La scène se passe dans le camp de Porsenna sous les murs de Rome.

MUTIUS SCŒVOLA.

TRAGÉDIE EN TROIS ACTES.

ACTE PREMIER.

LE THÉATRE REPRÉSENTE LE CAMP DE PORSENNA.

SCÈNE PREMIÈRE.

PORSENNA, ARONS.

PORSENNA.

Oui, je sais ce qu'on doit au grand nom de Tarquin,
A son rang, à sa gloire, à son malheur enfin;
Je sais qu'on a blessé l'honneur du diadême,
Et que venger un Roi, c'est me venger moi-même.
Aussi Rome voit-elle aux pieds de ses remparts
De Porsenna vainqueur flotter les étendarts;
Aussi moi-même, Arons, exposant ma couronne,
J'ai voulu de Tarquin reconquérir le thrône;
Et dans ce même instant, à l'insçu des Romains,
Deux de mes légions, par de secrets chemins,
S'avancent vers le pont défendu par Horace.
Déjà même peut-être on a surpris la place,
Ou si ce coup hardi ne la fait succomber,
Que j'ordonne l'assaut, et ses murs vont tomber.

ARONS.

Et pourquoi différer cet ordre salutaire
Qu'implorent avec moi tous les Rois de la terre?
Pourquoi, lorsque les Dieux ont remis en vos mains
La foudre déstinée à punir les Romains,
Et qu'un assaut peut seul renverser ces murailles,
User votre victoire en stériles batailles?
Pourquoi ces révoltés respirent ils encor?
De vos justes fureurs n'arrêtez point l'essor:
On risque sa vengeance en la voulant trop lente;
Détruisez, détruisez cette ville insolente:
Écrasé sous ses murs et dans son sang noyé,
Que le Romain apprenne au Toscan effrayé
Qu'il n'est point de pardon pour un peuple rébelle.

PORSENNA.

Tu parles en guerrier que transporte un beau zele,
Mais avec plus de calme un Prince doit agir.
Il faut soumettre Rome et non l'anéantir.
Quand on veut sur un peuple assurer son empire,
Souvent c'est peu de vaincre, Arons, il faut séduire;
C'est le grand art des Rois; une feinte douceur
Prépare les lauriers cueillis par la valeur.
Feignons donc la clémence; et pour Tarquin lui même,
Ne jettons point dans Rome un désespoir extrême.
Si l'on peut obliger ces ennemis des Rois
A rentrer sous le joug de leurs prèmieres loix;
Si, pour les engager à réparer leur crime,
C'est assez sous leurs pas que j'entrouvre l'abîme,
Pourquoi, par un assaut, trop fécond en malheurs,
Irois-je, déployant d'inutiles rigueurs,
Ruiner de Tarquin le superbe héritage?

Fier

Fier du sanglant honneur d'avoir servi sa rage,
Et d'un funeste afront vengeur infructueux,
Offrirai-je à ce Roi, déjà trop malheureux,
Pour Empire, un amas de cendre et de décombres?
Tarquin veut-il, jaloux de régner sur des ombres,
De ses propres états dévorer les lambeaux,
Et s'asseoir sur un thrône entouré de tombeaux?
Penses-tu qu'à ce prix?

ARONS.

Oui je connois son âme.
Oui, Tarquin tout entier au courroux qui l'enflâme,
Aime mieux, pour tout bien conservant sa fierté,
Un peuple anéanti qu'un peuple révolté.
Mais de tous ces délais qu'attend votre indulgence?
Pensez-vous les forcer à la reconnoissance!
Et réconcilier Rome avec les Tarquins!
C'est connoître bien mal ces fiers républicains.
Que n'avez-vous pu voir toute leur insolence,
Quand leur nouveau Sénat m'admit en sa présence,
Moi, votre ambassadeur, moi que les droits du sang
Appellent à l'honneur de votre auguste rang!
Ces vils usurpateurs, quoique sans diadême,
Sans aucun attribût de la grandeur suprême,
Parurent à mes yeux, en me dictant leurs loix,
Comme un conseil de Dieux, faits pour juger les Rois.
Vous savez leur réponse, et quel serment impie
Jusqu'au dernier soupir à leur serment les lie.
Ah! si votre clémence encor peut se flatter
De fléchir leur orgueil, ou bien de le dompter,
Songez que dans ces murs un père, ah! jour horrible!
Un père, d'un front calme, et d'une âme insensible,
Sur la tête des siens essayant sans pudeur

Le glaive qu'usurpa son délire imposteur,
De deux fils qu'il aimoit ordonna le supplice;
De ce crime inoui Rome entière est complice,
Et si pour nous servir renaissoit un Titus,
Vous verriez aussitot reparoître Brutus.
Tout mort qu'il est, Brutus contre nous les anime,
Et du fond de la tombe il leur soufle le crime.
Horace, Mutius, tous marchent à sa voix;
Tous jurent en son nom d'exterminer les Rois.
C'est pour vous, pour Tarquin, c'est pour la paix du monde
Que je veux qu'au forfait la vengeance réponde;
Ou du moins attendez, Seigneur, pour pardonner,
Que Rome à vos genoux vienne se prosterner.
C'est quand un plein succès assure notre gloire,
Que la clémence a droit d'attendrir la victoire;
Pour être généreux, pour l'être impunément,
Hâtez, Seigneur, hâtez le fortuné moment,
Où ce peuple, abjurant une insolence vaine,
Viendra, le front baissé, redemander sa chaîne.
Ordonnez pour demain cet assaut glorieux
Qui doit faire tomber ces murs audacieux;
Que les traîtres par-tout voyant fondre l'orage,
Frémissent incertains où porter leur courage,
Et sous le fer vengeur tremblants ou foudroyés,
Demain qu'ils ne soyent plus, ou quils soyent à vos pieds.

PORSENNA.

Enfin à tes raisons je vois qu'il faut me rendre,
Alons, et dès demain... mais que vient-on m'aprendre.

SCÈNE II.

LES MÊMES, MARCILE.

ARONS.

C'est un nouveau succès, je le lis dans ses yeux.

MARCILE (A PORSENNA).

Oui, Seigneur, et peut-être en ce moment heureux
Rome ...

ARONS (VIVEMENT).

Que dis-tu Rome ...

PORSENNA.

O ciel! eh bien?..

ARONS.

Peut-être
De Rome en ce moment, Seigneur, vous êtes maître.

ARONS.

Tu te vantois pourtant, peuple ingrat et pervers,
Que les Dieux à ton joug destinoient l'Univers!
(A MARCILE).
Mais poursuis ...

MARCILE.

Au moment où deux de nos cohortes
S'avançoient vers le pont pour surprendre ses portes,
Les Romains, qui croyoient qu'un effort plus hardi
Arrêteroit soudain notre élan réfroidi,
Au lieu de nous attendre ont fait une sortie.
Par ce choc imprévu loin d'être ralentie,
Notre ardeur le soutient; on combat, et long-temps
Mars qui protège encor ses coupables enfants,
Tenant entr'eux et nous la balance incertaine,
Semble à regrèt trahir la liberté Romaine.

ARONS. (AVEC IMPATIENCE).

Mais enfin...

MARSILE.

Mais enfin nos efforts redoublés
Forcent les ennemis, par le nombre accablés,
De céder lentement, et bientôt vers la Ville
A pas précipités, ils cherchent un azile.
On est à leur poursuite...

ARONS.

Ah! permettez, Seigneur,
Que j'aille seconder leur généreuse ardeur;
Eh! qui d'un tel afront consoleroit ma gloire,
S'ils remportoient sans moi cette belle victoire?

PORSENNA (A ARONS QUI SORT.)

Và, cours, pour se fixer la victoire t'attend,
Và lui prêter ton bras et reviens triomphant.

SCENE III.

PORSENNA, MARCILE.

PORSENNA.

Ainsi tu crois...

MARCILE.

Seigneur la déroute est entière;
Des plus braves d'entr'eux les corps jonchent la terre.
Mais parmi les guerriers qu'elle à déjà perdus,
Rome surtout regrette un héros, Mutius,
Dont l'audace aux périls trop bien accoutumée,
D'incroyables récits chargeoit la renommée.
A peine du carnage on donnoit le signal,
Il avoit disparu. Dans ce moment fatal,
On a pris, hors des murs, une Dame Romaine.

PORSENNA.

Une Romaine!

MARCILE.

Au camp par mon ordre on l'amène.

PORSENNA.

Mais sans-doute fidelle à mes loix, à l'honneur,
On aura respecté son sexe et son malheur.

MARCILE.

N'en doutez point, Seigneur. Elle s'approche.

SCÈNE IV.

PORSENNA, MARCILE, JUNIE, FULVIE, GARDES.

PORSENNA (A JUNIE).

Madame
Que tout cet appareil n'alarme point votre âme.

JUNIE.

Mon sexe, Porsenna, t'abuse, je le voi;
Tu penses qu'interdite au seul aspect d'un Roi,
Une femme à tes pieds va tomber suppliante;
Tu veux me rassurer: faveur humiliante!
N'outrage point mon sexe, en feignant d'être humain:
Je suis enfant de Rome, et comme tout Romain,
Je t'aborde sans peur, je te parle sans feinte,
Et c'est aux tyrans seuls à connoître la crainte.

PORSENNA.

L'infortune a des droits que je sais respecter,
Mais quand elle est modeste, et tu fais éclater
Un orgeuil...

JUNIE.

Cet orgeuil sied à ton ennemie:
Devant un Roi sur-tout il convient à Junie.

PORSENNA.

A Junie ! ô ciel ! toi, la fille de Brutus,
D'un traître...

JUNIE.

Punis-moi ; ses torts sont mes vertus.
Romaine, comme lui, je hais la tyrannie,
J'aime la liberté ; j'adore ma patrie.
Frappe, te dis-je... eh quoi ! tu parois hésiter !
Tu soutiens un tyran, et n'ose l'imiter !

PORSENNA.

Non, Porsenna n'a point une âme aussi barbare :
Non, ce n'est point la mort qu'ici l'on te prépare :
j'estime tes vertus ; j'aime cette fierté
Qui ne sait point fléchir devant l'adversité,
Je t'admire et te plains. Mais réponds-moi, Junie,
Quand le sort à mes coups livre enfin ta patrie,
Quand Rome va périr, quels plus heureux destins.
Te font, pour te sauver, tomber entre mes mains?

JUNIE.

Pour me sauver ! crois-tu que chez toi fugitive,
La fille de Brutus à son pays survive?
Lorsque tes légions, complices des tyrans,
Levèrent contre nous leurs étendarts sanglants,
Absente de nos murs, et du monde ignorée
Dans un Temple voisin je vivois retirée.
Là j'apprends qu'un Héros, l'honneur du nom Romain,
Mutius, mon amant, frappé d'un trait soudain
Est tombé sous ces murs, témoins de sa vaillance.

Je pleurois son trépas: j'invoquois la vengeance:
C'est là qu'on ma saisie, au moment où mes vœux
Pour Rome, et contre toi, sollicitoient les Dieux.

PORSENNA.

Et les Dieux ont puni tes vœux illégitimes.

JUNIE.

Les Dieux plus justement choisissent leurs victimes.

PORSENNA.

Mais ce peuple dont rien n'étonne la fierté,
Tu sais qu'enfin...

JUNIE.

Je sais qu'il veut la liberté;
Et je sais, quelqu'orgueil qu'un vain succès t'inspire,
Que tu n'as point vaincu tant qu'un Romain respire.

PORSENNA.

Je ne puis dans tes maux/t'envier cet espoir,
De stériles souhaits ne peuvent m'émouvoir.
Vainqueur et tout-puissant Porsenna les oublie,
Et voulant te prouver qu'il estime Junie,
Ne laisse ta personne en garde qu'à ta foi.

JUNIE.

Et ce garant aussi te répond mieux de moi
Que tes fers, tes cachots, et ton armée entière.

PORSENNA.

PORSENNA.

(AUX GARDES QUI ONT AMENÉ JUNIE).

Vous, oubliez ici que Brutus fut son père ;
Dans la tente voisine accompagnez ses pas ;
Mais qu'on la laisse libre, et que tous mes soldats
Par-tout avec respect accueillent sa misere.

JUNIE.

Adieu : de cet accueil je pourrois être fière ;
Si tu n'étois l'ami, le soutien des tyrans.

(ELLE SORT AVEC FULVIE).

SCÈNE V.

PORSENNA, MARCILE.

PORSENNA.

Je reste confondu : ces nobles sentimens,
Sa vertu, sa fierté . . . quel peuple, cher Marcile !
Ah ! ne nous flattons point d'un triomphe facile :
Nous devons nous attendre aux plus hardis complots,
Quel Romain oseroit n'être point un Héros,
Lorsque le sexe même, ailleurs foible et timide,
Sous le glaive ennemi montre une âme intrépide.

Mais qu'entends-je? je vois dans un tumulte affreux
Refluer vers le camp mes bataillons nombreux...

MARCILE.

Arons vient.

Les Mêmes, ARONS.

PORSENNA.

Eh bien! Rome?..

ARONS.

Elle nous brave encore.
Un Dieu semble veiller sur ces murs que j'abhorre.
Quand je vous ai quitté pour voler aux remparts,
Les ennemis fuyoient; nos brillants étendarts
Arborés sur le pont, où régnoit l'épouvante,
Agitoient dans les airs leur pourpre triomphante.
A ce signal de mort, d'un pas encor plus prompt,
Les Romains ont gagné l'extrémité du pont;
Tout tremble: on les poursuit: on court: on est dans Rome...

PORSENNA.

Et qui donc à vos mains a pu ravir?...

ARONS.

Un homme.

PORSENNA.

Qu'entends-je un homme...

ARONS.

Un seul: doutez de mon récit,
Je ne le croirois pas, si quelqu'un me l'eut dit.
Je le rends plus croyable en vous nommant Horace.
Vous connoissiez déjà sa force, son audace;
Dès qu'il vit des Romains les bataillons pressés
Rentrer, saisis d'effroi, dans leurs murs menacés,
Terrible il se retourne; il exhorte, il conjure,
Il menace, il frémit, il nomme l'un parjure,
L'autre ingrat, l'autre lâche, et de la liberté
Le nom même [illegible] fruit est vingt fois répété.
Horace reste seul.

PORSENNA.

Quoi!

ARONS.

Le péril l'enflâme;
Horace seul résiste, et comme si son âme
Eut porté Rome entiére, et qu'elle eut recueilli
La force et la valeur de ceux qui l'ont trahi,
Tandis que par son ordre une main plus fidelle
Sous ses pas triomphants rompt le pont qui chancelle,
Il s'avance vers nous: d'un regard furieux
Il parcourt en vainqueur nos rangs victorieux,
Insulte à nos guerriers, provoque les plus braves,
Vous appelle tyran, et nous traite d'esclaves,
Vante enfin son pays, ses loix, sa liberté,

Et flatte Rome encor de l'immortalité.
A cet excès d'audace interdite, étonnée,
La valeur des Toscans reste comme enchainée,
Et d'abord suspendu, leur généreux courroux
Rougissoit sur un seul d'épuiser tous ses coups;
Respectant d'un Héros le courageux délire,
Moimême quelque temps je m'arrête et l'admire...
Mais enfin plus honteux qu'un seul nous bravant tous,
Semble enchaîner le sort qui combattoit pour nous,
C'est à qui sous ses pas entr'ouvrira la tombe;
On veut fondre sur lui... le pont s'affaisse et tombe...
Lui, toujours intrépide, et plus fier d'un succès
Qui des murs qu'il défend nous interdit l'accès,
Sur les flots mugissants promène un œil tranquile:
» DIEU DU TIBRE, dit-il, TU SERAS MON AZILE!
» DANS TON SEIN LIBRE ENCOR REÇOIS TON DÉFENSEUR;
A ces mots il s'élance...

PORSENNA.

Et le Tibre en fureur
N'a point dans son triomphe englouti ce rebelle!

ARONS.

Le Tibre lui prépare une palme plus belle:
Tandisque nos guerriers, de rage frémissants,
Au rivage attachés, de leurs traits impuissants
Poursuivent sur les eaux leur victime échappée,
Horace se jouant de leur fureur trompée,
Nage tranquillement vers le bord opposé;
Et de son bouclier, mollement balancé,
Des flots respectueux gouvernant l'équilibre,
Il semble être le Dieu qui règne sur le Tibre.

Enfin il a rejoint les Romains, trop heureux
Que le sublime effort d'un chef si généreux
Ait pu d'un jour encor retarder leur supplice ;
Car j'espère qu'enfin votre prompte justice
Va lancer tous ses traits sur ce peuple odieux
Ennivré d'un succès qui condamne les Dieux,
Et dont l'orgueil publie insolemment qu'un homme
A suffi pour nous vaincre, et pour défendre Rome.

PORSENNA.

Demain, Arons, demain l'assaut sera livré.
Mais pour te consoler de ton espoir frustré,
Apprends que Mutius a mordu la poussière ;
Apprends que dans mon camp Junie est prisonnière.

ARONS.

La fille de Brutus !

PORSENNA.

Elle même.

ARONS.

O bonheur !
Le Ciel est juste enfin, et vous devez, Seigneur,
La punir des forfaits d'un trop coupable père.

PORSENNA.

Dis plutôt que je dois adoucir sa misère :
Si nous lançons la foudre, à l'exemple des Dieux,
Quand l'orage est passé, soyons cléments comme eux.

Mon intérêt d'allieurs m'invite à l'indulgence;
Sur les Romains Junie a beaucoup d'influence;
J'éspère en profiter ... mais allons préparer
L'assaut qu'à son réveil le jour doit éclairer.

Fin Du Premier Acte.

ACTE SECOND.

SCÈNE PRÈMIÈRE.

JUNIE (SEULE).

Toi que le ciel créa pour le bonheur du monde,
De gloire et de vertus source à jamais féconde,
Fléau des tous Rois, idole de Brutus,
Pourqui seule j'ai pu survivre à Mutius,
Auguste liberté! descend. dans ton empire!
Viens t'asseoir sur ces murs qu'un tyran veut détruire:
Par ton aspect sacré ranime tes enfans:
Que tes saintes fureurs, que tes feux tout puissants
Des Dieux, lents à frapper, assurant les oracles,
Étonnent le Toscan par de nouveaux miracles!

Pour sauver Rome enfin, dans ce fatal moment,
Donne à tous les Romains le cœur de mon amant.

SCÈNE II.

JUNIE, FULVIE.

FULVIE (accourant avec précipitation).

Madame...

JUNIE.

Quel transport! qu'annonce-t-il Fulvie?

FULVIE.

Un bonheur que Junie eût payé de sa vie.

JUNIE.

O ciel! Rome est donc libre, ah! pourquoi Mutius..

FULVIE.

Mutius est vivant.

JUNIE (se laissant tomber sur Fulvie).

Je ne me soutiens plus;

O Rome! ô ma patrie! ah! pardonne à ma joye!
C'est un libérateur que le ciel te renvoye.
Où l'as-tu vu Fulvie?

FULVIE.

Il est au camp.

JUNIE.

Grands Dieux!
Il est donc prisonnier.

FULVIE.

Il est libre.

JUNIE.

En ces lieux!
Ah! tes yeux abusés ont cru le voir, peut-être.

FULVIE.

Non je l'ai vu lui même, et pour le reconnoitre,
Il m'eut suffi de voir sa profonde douleur
Lorsqu'il eut par ma bouche appris votre malheur.

JUNIE.

Mais que prétend-il faire?

FULVIE.

Il a changé ses armes!

Et d'un

Et d'un soldat Toscan...

JUNIE.

Ô mortelles alarmes!
Qui! lui! se déguiser! pourquoi?

FULVIE.

Pour nous sauver.

JUNIE. (D'UN TON SÉVÈRE).

Qu'oses-tu dire!

FULVIE.

A peine il a pu l'achever
Cet aveu qui vous blesse, et que dément sa gloire.

JUNIE.

Pour nous sauver, dis-tu?

FULVIE.

Je le dis sans le croire.

JUNIE.

Non tu ne l'as point vu; non jamais Mutius
Par un déguisement n'eût flétri ses vertus.
Lui se cacher, Fulvie! et dans quels lieux encore?
Parmi ses ennemis! dans un camp qu'il abhorre!
Lui! ceindre un bras Romain d'un bouclier Toscan,
Et devoir son salût à l'erreur d'un tyran!

Ah! c'est trop faire injure à l'amant de Junie!
Ton œil trompé n'a vu qu'un malfaisant génie,
Qui jaloux d'un héros digne de mes regrèts,
A cru souiller son ombre en imitant ses traits.
Reviens, ô Mutius? mais reviens magnanime,
Toujours Romain, toujours digne de mon estime:
Ou si je ne dois pas te revoir sans rougir,
Rentre dans le tombeau d'où l'on te fait sortir;
Laisse-moi le bonheur d'adorer ta mémoire:
J'aime mieux te pleurer que de pleurer ta gloire.
Mais que vois-je? est-ce un songe?.,

SCÈNE III.

JUNIE, MUTIUS, (EN HABIT DE TOSCAN).

MUTIUS (S'AVANÇANT AVEC EMPRESSEMENT).

O Junie! est-ce toi?

JUNIE. (L'ARRÊTANT)

Ah! plutôt est-ce toi, Mutius? réponds moi:

Je ne te connois point sous ces honteuses armes.

MUTIUS.

Quoi! ton cœur?...

JUNIE.

Réponds-moi: dissipe mes alarmes.
Qui peut justifier ce vil déguisement?

MUTIUS.

Le nom de Mutius, le nom de ton amant;
Le plus noble dessein que l'audace d'un homme
Aura jamais conçu pour le salut de Rome,
Peut-être une heure encore, et je suis immortel!
Mais ta présence hélas! rend cet effort cruel:
O Dieux qui m'ordonnez de sauver ma patrie
Ah! pourquoi dans ces lieux as-je revu Junie!

JUNIE.

Ciel! qu'entends-je? à ton tour voudrois-tu m'insulter!
Tu voles à la gloire, et je puis t'arrêter?
Junie empecheroit une belle entreprise!
Ah! bien plus que d'amour, de gloire elle est éprise!
Montre-moi le péril; j'y précéde tes pas?
Te faut-il tout mon sang? te faut il mon trépas?
Te faut-il immoler... jusqu'à mon amour même?
Parle, et tu connoitras à l'instant si je t'aime.

MUTIUS.

Apprends donc... mais ici puis-je te réveler!..

JUNIE.

Sans craindre un œil perfide ici tu peux parler ;
J'ai ma foi pour prison, et libre et respectée,
J'erre par-tout le camp sans être suspectée.
Porsenna de ses soins honore mon malheur.

MUTIUS.

Porsenna ! Ciel !

JUNIE.

Pourquoi ce transport de fureur ?

MUTIUS.

Oses-tu des Tarquins flatter le vil complice ?

JUNIE.

Je ne le flatte point, mais je lui rends justice ;
Je dirai plus, je plains ce prince malheureux,
N'étant point un tyran, de combattre pour eux.

MUTIUS.

Tu le plains ! moi je viens, plus juste en ma furie,
Et sensible au malheur de ma seule patrie,
Je viens armé d'un fer . . .

JUNIE.

Qu'entends-je justes Dieux !

MUTIUS.

Je viens l'assassiner. Juge donc en ces lieux
Si je dois m'applaudir de retrouver Junie.

JUNIE.

A cet aveu terrible, interdite, saisie,
J'admire avec horreur ton sublime attentat.
Écoute, Mutius, si le bien de l'état,
Si le salut de Rome attend ce sacrifice,
Je n'examine rien; il faut qu'il s'accomplisse.

MUTIUS.

Il s'accomplira donc.

JUNIE.

Mais...

MUTIUS.

Écoute à ton tour.
Avant l'heure où la nuit vient remplacer le jour,
Si Rome ne reçoit un renfort qu'elle espère,
Demain la liberté disparoît de la terre.
Demain Tarquin vainqueur, dans nos murs abattus,
Viendra fouler aux pieds la cendre de Brutus.
Jusqu'ici nos soldats ont, à force d'audace,
Abusé l'ennemi sur l'état de la place:
Leur courage est encore au-dessus de leurs maux.
Mais la guerre est pour eux le moindre des fléaux:
Plus terrible que Mars, la hideuse famine,
De ses traits lents, mais surs, les atteint et les mine.
Ceux-ci meurent: ceux-là prolongent leurs tourments,

Par le mortel appât des plus vils aliments,
Le mal croît d'heure en heure, et ses fréquents ravages
Frappent l'œil attristé par d'affreuses images.
Là voulant à son père offrir un foible appui,
Le fils se traîne, tombe et meurt auprès de lui.
Ici l'enfant exhale une vie éphémère
Sur le sein desséché de sa mourante mère.
Rome enfin ne présente à l'œil épouvanté,
Qu'un immense désert de spectres habité.
Du peuple cependant l'indomptable courage
Soutient l'excès des maux par l'excès de la rage,
Et l'on n'entend encore en cette extrémité,
Qu'un cri: » LA MORT ! LA MORT ! OU BIEN LA LIBERTÉ.
On a vu des viellards, étouffant la nature,
A nos jeunes guerriers offrir pour nourriture
D'un corps jadis nerveux les membres languissants,
Et d'un sang refroidi les restes impuissants;
Fiers de donner encore un prix à leur foiblesse,
Et d'expier ainsi le tort de leur viellesse.

JUNIE.

O liberté!

MUTIUS.

Frappé d'un dévouement si beau,
J'ai voulu l'effacer par un effort nouveau,
Et comme en me voyant employer l'artifice,
Un vil soupçon pouvoit flétrir mon sacrifice,
Au sénat assemblé j'expose mon dessein:
On admire; on frémit: le seul nom d'assassin
Effarouche d'abord et suspend le suffrage:
Mais de la liberté l'infaillible naufrage,
Rome entière ou détruite ou rendue à Tarquin...
Ce nom seul a fixé le sénat incertain;

Contre un tyran vainqueur, tout paroît légitime,
Et l'on approuve enfin le choix de ma victime.
Pour seconder ma fuite et mon déguisement,
On résout une attaque, et moi-même à l'instant
Je me joins aux guerriers que commandoit Horace:
Sur le pont quelque temps je soutiens son audace;
Mais au milieu du choc, je disparois soudain,
Et le bruit de ma mort, que je sème à dessein,
Favorisant encor mon utile imposture,
J'emprunte des Toscans et l'habit et l'armure,
Et le combat fini, sans être reconnu,
Je pénètre en leur camp, avec eux confondu.

JUNIE.

Ah! celui qui forma ce complot magnanime,
Quelqu'en soit le succès, méritoit mon estime,
Et si tu n'avois pas le secret de mon cœur,
Junie en ce moment nommeroit son vainqueur.
Mais qu'el est ton espoir? le meurtre d'un seul homme
Peut t'immortaliser, mais ne sauve pas Rome.

MUTIUS.

Il la venge du moins. Que dis-je? la terreur
Va de nos ennemis enchaîner la fureur.
Un tyran qui succombe est un exemple utile;
Et la chûte d'un seul en épouvante mille.

JUNIE.

Ah! je crains bien plutôt que ce coup généreux,
Accablant Rome encor d'ennemis plus nombreux,
De la cendre d'un seul mille autres ne renaissent!

MUTIUS.

Et doutes-tu, dis-moi, si mille reparoissent,
Qu'autant de Mutius, ardents à leur trépas,
Ne naissent de mon sang, et n'imitent mon bras?

JUNIE.

Mais d'un prix moins cruel si payant la victoire
On pouvoit sauver Rome, et contenter ta gloire,
Voudrois tu?..

MUTIUS.

Tout mon sang couleroit par mes m[illegible],
Si mon sang suffisoit pour sauver les Romains.

JUNIE.

Avant donc de courir à ce péril extrême,
Souffre, pour toi, pour moi, pour Porsenna lui-même,
Que sur son âme au moins j'essaye le pouvoir
Que la raison, l'honneur, l'intérêt peut avoir:
C'est un léger retour que ma reconnoissance,
Croit devoir aux égards qu'a pour moi sa clémence;
Souffre enfin, puis qu'en toi l'ardeur de nous venger
Éteint le sentiment de ton propre danger,
Souffre que mon amour plus tendre ou plus timide,
S'il faut te perdre hélas! aumoins ne s'y décide
Qu'après s'être assuré qu'il n'est aucun moyen
D'empêcher ton trépas que doit suivre le mien.

MUTIUS.

Ah! que fais-tu Junie? épargne ma foiblesse,

Mon plus

Mon plus grand ennemi, crois-moi, c'est ma tendresse,
Ne la réveille point: laisse agir ma fureur;
Porsenna des Romains se croit déjà vainqueur;
Tu ne le vaincras point par de vaines paroles.

JUNIE.

Eh! bien, il sera temps alors que tu l'immoles.

MUTIUS.

Mais songe que l'honneur...

JUNIE.

Au pur sang de Brutus
Va tu peux confier l'honneur de Mutius.

MUTIUS.

Hé bien donc!.. mais hélas! le dois-je? ô ma patrie!..
Pourroit-on te trahir en cédant à Junie?

JUNIE.

On vient: fuis:

MUTIUS.

Songe au moins que je n'ai rien promis;
Si je vois ma victime, à Rome j'obéis.

(IL SORT).

SCÈNE IV.

PORSENNA, JUNIE, SUITE DE PORSENNA.

PORSENNA.

(A SES GARDES). (FULVIE SORT).

Éloignez-vous : Junie, on t'a sans-doute instruite
A quelle extrémité ta patrie est réduite :
Par la faim épuisée et vuide de guerriers
Elle offre à ma valeur de faciles lauriers,
Et l'assaut général qui pour demain s'apprête
De ses murs ébranlés m'assure la conquête.
Mais avant de donner cet ordre rigoureux
Qui livre tout un peuple au sort le plus affreux,
Ton vainqueur oubliant un superbe langage,
De son estime encor veut te donner un gage.
Retourne dans ces murs : engage les Romains
A prévenir des maux terribles et certains.
Dis-leur que menacés d'une ruine entière
Ils n'ont plus qu'un moment pour fléchir ma colère,
Que demain le soleil ne luira plus pour eux ;
Qu'aujourd'huy je leur offre un pardon généreux,
S'ils rentrent sous le joug du pouvoir légitime.

JUNIE.

Porsenna, si tu crois me prouver ton estime
En daignant me choisir pour un pareil emploi,
En ne l'acceptant pas je m'acquitte envers toi.

PORSENNA.

Quoi!..

JUNIE.

Si je l'acceptois, je serois la première
A combattre le vœu de ta clémence altière.
Soulevant les Romains contre un joug détesté,
Ma voix ne tonneroit que pour la liberté.
Je les conjurerois par l'ombre de mon père
De penser qu'en leurs mains est le sort de la terre,
Et voyant sous leurs pas l'abime s'entrouvrir,
Je leurs crierois encor de VAINCRE OU DE MOURIR.
Porsenna, je te dois quelque reconnoissance;
Je veux, pour m'acquitter, éclairer ta vengeance,
Et peut-être pour toi, plus que pour les Romains,
J'ose combattre ici tes projets inhumains.

PORSENNA.

Comment...

JUNIE.

Écoute-moi: je plaide pour ta gloire.
Porsenna ne croit point qu'une injuste victoire
Soit un titre d'honneur pour la postérité;
Le véritable honneur n'est que dans l'équité,
Et cependant ce Roi qui par Rome elle-même
Se faisoit pardonner la puissance suprême,
Contre un peuple allié s'arme, imprudent vengeur
D'un féroce assassin, d'un vil usurpateur:
Et tu ne diras pas que ma haine exagère,
Ces noms lui sont donnés par l'Italie entière.
Tu sais quel attentat à ce monstre inhumain
Du Thrône qu'il réclame a frayé le chemin:
Vois ce tyran banni, pour qui ton zèle brille,

Assassiner un Roi qui lui donna sa fille ;
Vois sa barbare épouse, au meurtre l'excitant,
Sur le corps de son père, encor tout palpitant,
L'œil en feu, le front pâle et la bouche écumante,
Terrible, et d'une main de sang toute fumante,
Agiter ses coursiers, qui, d'horreur frémissant
Refusent de fouler ce cadavre sanglant ;
Tandisque sa fureur, digne des Euménides,
Presse leurs nobles flancs d'aiguillons parricides.
Un règne commencé sous ces auspices affreux,
Ne dût être tissu que de jours désastreux.
Aussi ce règne impie, annoncé par le crime,
Ne démentit jamais sa source illégitime,
Et d'un sceptre de fer accablant son pays,
Tarquin le gouverna comme il l'avoit acquis.
Enfin d'un sang impur l'opprobre héréditaire
A passé dans le fils pour le malheur du père,
Et la mort de Lucrèce, éveillant les Romains,
Mit le comble et le terme aux forfaits des Tarquins.
Et quand de leur aspect Rome purgeant le Tibre,
A borné sa vengeance au bonheur d'être libre,
Porsenna, qui devoit d'un tyran détesté
Approuver le premier l'éxil trop mérité,
Porsenna, son complice, et bientôt sa victime,
De Rome, en sa faveur, perd l'amour et l'éstime,
Et pense, de Tarquin en s'annonçant l'appui,
Venger l'honneur des Rois que ce monstre a flétri.

PORSENNA.

Si tu n'écoutois point une aveugle colère,
Junie, à ce tableau pour Tarquin si sévère,
J'en pourrois opposer un plus intéressant.
Je te peindrois l'éclat d'un règne florissant,

Son nom craint, respecté dans toute l'Italie,
Par d'utiles travaux votre Rome embellie,
Ces murs, qui par ses soins rendus plus orgueilleux,
La défendent encor: ces canaux merveilleux,
Dont le cours invisible épure sa surface;
Ce Capitole enfin dont le front nous menace,
Cet Olympe nouveau, digne rival des Cieux,
Où vos fiers Sénateurs siègent parmi les Dieux.
Et quand ces monuments qu'éleva son génie,
N'auroient pas à vos yeux absous sa tyrannie;
Le caractère auguste imprimé sur son front
Devoit le garantir du plus léger affront.

JUNIE.

Plus son rang fut sacré, plus Tarquin fut coupable,
Et la seule vertu doit être inviolable.

PORSENNA.

Ainsi les Rois flétris d'un opprobre éternel...

JUNIE.

Ainsi que le forfait l'opprobre est personnel.

PORSENNA.

Cependant les Romains, dans leur vaste délire,
Du monde au nom des Dieux revendiquant l'Empire,
Tyrans de tous les Rois qu'ils appellent tyrans,
Et sous un nom modeste habiles conquérans,
Ont levé contre nous l'étendart fanatique,
De cette liberté, plus que nous despotique,

Et trompant nos sujets qu'ils ne pourroient dompter,
A nos droits les plus saints ils osent attenter.

JUNIE.

A vos droits !.. Porsenna je pourrois te répondre...
Mais je veux t'éclairer et non pas te confondre.
J'atteste ici les Dieux que jamais les Romains,
N'ont prétendu blesser les droits des Souverains,
Que de la liberté parmi nous adorée
La chaîne est volontaire autant qu'elle est sacrée.
Rome sait qu'ébloui de son éclat nouveau,
Le monde n'est point mûr pour un destin si beau;
Qu'effrayé de ses droits, osant à peine y croire,
Plus d'un peuple aime mieux le repos que la gloire.
Tant qu'une longue erreur fait respecter leurs loix,
Rome avec ses tyrans ne confond point les Rois.
Si le peuple n'a point créé votre puissance,
Le peuple la consacre au moins par son silence.
Mais le jour n'est pas loin, et tu dois le prévoir,
Où las d'aliéner le souverain pouvoir,
Éclairé par la Grèce, encouragé par Rome,
Tout peuple rougira de dépendre d'un homme,
Et de la liberté l'arbre majestueux,
Étendant par dégrés ses rameaux généreux,
Réspecté par le temps, affermi par l'orage,
Couvrira l'univers de son auguste ombrage.

PORSENNA.

Ainsi dans l'avenir portant vos vœux hardis,
Vous croyez déjà voir tous les peuples séduits
Abjurer leurs serments, leurs usages antiques,
Et briser l'heureux joug de nos loix pacifiques;

Pour une liberté qui, sous un nom brillant,
Trouble tout, sert d'égide au vice triomphant...

JUNIE.

N'outrage-pas du moins cette liberté sainte,
Que tu ne connois point, ou viens dans cette enceinte,
Contemple ces Romains que tu voudrois flétrir;
Vois-les pour leur pays toujours prêts à mourir,
Amis de la justice et des vertus tranquilles,
Exempts d'ambition, de discordes civiles,
Séveres dans leurs mœurs, aimant la pauvreté,
Et chérissant sur-tout la douce égalité;
Parmi de tels Héros la liberté dût naitre,
Et c'est à ces seuls traits qu'on doit la reconnoitre.
Grace au ciel les Romains justes et vertueux,
N'ont point souillé le don qu'ils ont reçu des Dieux.
Puissent leurs descendants suivre, émules fidèles,
D'un pas religieux leurs traces immortelles!
Puissent-ils, admirés du reste des humains,
Pleins de ce feu sacré qui fait les grands destins,
Fiers de créer leurs loix, aussi fiers de les suivre,
En vrais Républicains toujours dignes de vivre,
Ne jamais oublier dans leur prospérité,
Que cette liberté, qui nous a tant couté,
N'emprunte que des Cieux ses vives étincelles,
Brille avec les vertus, et s'éclipse avec elles.

PORSENNA.

Mais songe que demain mes bataillons vainqueurs
Vont foudroyer l'Idole et ses adorateurs.

JUNIE. (D'UN AIR MYSTÉRIEUX).

Oui, je sais que la foudre en ce moment s'apprête ..

Porsenna crains les Dieux; ils menacent ta tête.

PORSENNA

Par ce présage vain penses-tu m'alarmer?

JUNIE.

Crains les Dieux Porsenna: laisse-toi désarmer;
Ce conseil t'est donné par la reconnoissance.

PORSENNA.

Non je n'écoute plus que ceux de la vengeance.

SCÈNE V.

LES MÊMES, ARONS.

ARONS.

Vos ordres sont remplis, et sous leurs étendarts,
Les Toscans rassemblés attendent vos regards.
Paroissez: votre aspect va ranimer encore
La belliqueuse ardeur qui déjà les dévore.

PORSENNA.

(A JUNIE).

Je te suis: Aux Romains, crois-moi, ne pense plus.

JUNIE.

JUNIE (A PART).

Qui! moi! qu'oses-tu dire?.. ô honte!.. ô Mutius!
Ah! combien ma pitié te paroîtroit coupable!

(A PORSENNA).

Oublier les Romains! si tu m'en crois capable,
Je n'attends plus de toi qu'une seule faveur;
Prouve-moi ton estime en me perçant le cœur.

PORSENNA.

Ah! c'est trop abuser de ma foiblesse extrême!
En voulant t'honorer je m'avilis moi-même.
Allons, plus de délai, plus de pardon: demain
Tu ne vanteras point l'orgueil du nom Romain.

(IL SORT AVEC ARONS).

SCÈNE VI.

JUNIE (SEULE).

Va toi-même bientôt... oui ce dernier outrage
Du joug de ses bienfaits à la fin me dégage.
J'ai voulu le sauver, il veut se perdre, hé! bien
Dût tout mon sang couler et se mêler au tien,
Mutius, c'en-est fait: viens! la victime est prête:
A ton glaive vengeur j'abandonne sa tête;
Je te rends à la gloire; et mon cœur irrité
Sent presque des remords de t'avoir arrêté.

SCÈNE VII.

JUNIE, MUTIUS.

JUNIE.

Tu peux frapper

MUTIUS.

J'y cours.

JUNIE.

Arrête . . .

MUTIUS.

Eh quoi Junie ! . .

JUNIE.

Un moment;

MUTIUS.

Un moment peut perdre ma patrie;

JUNIE.

Hélas !

MUTIUS.

O ! ciel! des pleurs échappent de ses yeux!
Ah fuyons

JUNIE.

Mutius fuit mes derniers adieux!

MUTIUS.

Je les crains.

JUNIE.

Ne crains rien : l'Amour est foible, il pleure;
Mais la gloire l'emporte . . . oui, que Porsenna méurre:
De ton sang et du mien paye un si noble effort.
Mais choisis mieux l'instant, et ne perds point ta mort.
Tu vas frapper un Roi, quand d'une armée entière
Il oppose à tes coups l'invincible barrière!

MUTIUS.

Est-il pour ma fureur un plus heureux instant?
C'est tandis qu'il parcourt d'un regard triomphant
Ces esclaves nombreux déchainés contre Rome,
Qu'il faut le voir tomber sous le fer d'un seul homme;
C'est tandis qu'il sourit à leur féroce ardeur,
Que d'un air satisfait et d'un ton de vainqueur
Il annonce l'assaut qui pour demain s'apprête,
Et qu'il ose de Rome esperer la conquête.
Que je veux foudroyer cet insolent espoir,
Et punir le tyran qui l'a pu concevoir.

JUNIE.

Mais au moins songe

MUTIUS.

Songe ô ma chère Junie,
Que de sa mort dépend le sort de la Patrie,
Que notre liberté, l'ouvrage de nos mains,
L'unique espoir, le Dieu de tous les vrais Romains,
Si j'hésite un instant, peut nous être ravie.
Et vois de quels effets mon audace est suivie:

Immobile témoin du meurtre de son Roi,
Vois tout le camp pâlir et d'horreur et d'effroi;
Vois Tarquin rugissant fuir, et dans sa furie
Briser les fers qu'envain forgea sa main impie;
Vois-le de Cour en Cour, mendiant des mépris,
De son sceptre usurpé promener les débris,
Et fatiguer encor de sa plainte inutile
Les Rois qui, plus prudents, respectent une Ville
Où leur perte est jurée, où dans nos mains le fer
Est un foudre caché qui frappe avant l'éclair.

JUNIE.

Mais sais-tu bien?...

MUTIUS.

Je sais que par d'affreux supplices
D'un triomphe si beau j'achete les délices;
Je sais, et c'est pour moi le plus affreux de tous,
Que Junie elle-même éprouvera les coups
Dont les Toscans bientôt puniront mon courage;
Mais qu'il me sera doux en épuisant leur rage,
De dire: LE TYRAN EST TOMBÉ SOUS MA MAIN!
PEUPLE ESCLAVE! A CES COUPS RECONNOIS UN ROMAIN!
Et pour toi quel triomphe, en voyant Rome libre,
De dire: MUTIUS EST LA GLOIRE DU TIBRE!
Que les tyrans sur nous épuisent tous leurs coups:
On ne sent point la mort en des momens si doux.
Je bénis à présent le sort qui nous rassemble:
Nous mourrons, je le sais, mais nous mourrons ensemble,
Mais nous mourrons vengés, mais nos yeux expirants
Verront couler le sang, les pleurs de nos tyrans,
Et nous serons, mourrant au sein de la victoire,
Au défaut de l'hymen, couronnés par la gloire!

JUNIE.

Eh! qui résisteroit à ces discours brulants!
Je reconnois ta voix et tes divins élans,
Liberté! c'en-est fait: tout céde à ton génie:
L'âme de Mutius a passé dans Junie.
Vâ, cours, pour ton pays ta gloire est de mourir:
La mienne est d'avoir pu t'aimer et le souffrir.

MUTIUS.

Adieu: je vais frapper: sois Romaine, Junie,
Ne vois plus Mutius, ne vois que la patrie.

Fin Du Second Acte.

ACTE TROISIEME.

SCÈNE PRÈMIÈRE.

JUNIE. SEULE (ERRANT D'UN AIR INQUIET.)

Tout est tranquille encor... tout, excepté mon cœur...
Du plus tendre penchant toi qui le rends vainqueur,
Ciel! remplis-le du moins si bien de sa victoire
Qu'il ne murmure plus d'une pénible gloire!
Vains souhaits! je sens trop que ce cœur partagé
De l'Amour par la gloire est mal dédommagé.

Par ce cruel effort quand je t'ai satisfaite,
Rome, n'attends de moi qu'une joie imparfaite:
Et l'amour et l'honnneur m'animoient tour-à-tour;
L'honneur a triomphé, laisse gémir l'amour:
Ah! s'il n'avoit fallu que m'immoler moi-même!
Mais hélas! au supplice envoyer ce que j'aime!..

SCÈNE II.

JUNIE, FULVIE.

JUNIE.

Eh! bien!...

FULVIE.

Le coup fatal n'est point encor porté.
D'un cortège nombreux le tyran escorté
A sçu de votre amant tromper la noble attente;
En ce moment, Madame, il rentre dans sa tente.

JUNIE.

Mais que fait Mutius?...

FULVIE.

Il attend qu'en ces lieux
Porsenna contre nous vienne implorer les Dieux.

C'est là qu'il doit offrir un sacrifice impie;
Mutius veut soudain que tout son sang l'expie.
C'est là que d'un trait sûr son bras va le frapper,
Et sa victime enfin ne lui peut échapper.

JUNIE.

On vient: c'est Porsenna, fuyons chère Fulvie,
Et demandons aux Dieux, vengeurs de ma patrie,
Qu'ils daignent, confirmant leurs oracles sacrés,
Favoriser des coups qu'eux seuls ont inspirés.

SCÈNE III.

PORSENNA, ARONS.

ARONS.

Ah! secondez enfin l'ardeur qui me dévore,
Et pour vaincre, Seigneur, n'attendez point l'aurore.
La gloire nous apelle, allons, marchons soudain:
Et ne différons plus un triomphe certain.

PORSENNA.

J'aime ce noble élan de ta vertu guerrière;
Mais un moment encor souffre qu'on le modère;
Et pour en assurer les effets glorieux,
Offrons en ce lieu même un sacrifice aux Dieux.

ARONS.

Les Dieux ont-ils besoin de nos vains sacrifices?
A qui punit le crime ils sont toujours propices.

PORSENNA.

Souvent ces Dieux jaloux signalent leur pouvoir
En confondant, Arons, un légitime espoir.
Que dis-je? leur courroux, si j'en crois leurs Ministres,
Déjà laisse entrevoir des présages sinistres.

ARONS.

Seigneur, lorsqu'aujourd'hui des généreux Toscans
Vos augustes regards ont parcouru les rangs,
Avez-vous remarqué leur contenance fière?
Leurs yeux étincelants d'une noble colère,
Leurs fronts impatiens de ceindre des lauriers,
Et leur marche intrépide, et leurs accents guerriers?
Ah! sans vous alarmer de frivoles images,
Sans consulter les Dieux, croyez-en ces présages.
Quoi! du sein palpitant des plus vils animaux
Sortiroit le secret ou des biens ou des maux!
Quoi! d'un timide oiseau l'essor lent ou rapide
Règleroit le destin d'un guerrier intrépide!
Ah! gardons-nous, Seigneur, par un culte odieux,
D'avilir à la fois les mortels et les Dieux!
Ou du moins si le peuple avide de chimères
Veut adorer encor ces absurdes mystères:
Respectons son erreur, mais sans la partager.
Pour qui ne le craint point il n'est point de danger.

Je consens qu'à genoux le stupide vulgaire
Implore par des cris le succès d'une guerre:
Mais moi pour triompher je ne veux que mon bras,
Et pour moi la valeur est le Dieu des combats.

PORSENNA.

La valeur même, Arons, veut être secondée,
Et pour craindre les Dieux n'est jamais dégradée.
La foudre peut frapper les fronts les plus altiers:
Elle n'a pas toujours respecté les lauriers.
Que te dirai-je enfin? ce culte, ces mystères
Sont des erreurs aux Rois de tout temps nécessaires:
Si le peuple est crédule, il en obéit mieux,
Et les Rois ne sont craints que quand on craint les Dieux.
C'est la religion qui soutient ma couronne,
Et l'autel en tombant feroit crouler le thrône.
Modérez donc, Arons, ce zèle trop ardent,
Et, devant mes guerriers sur-tout, soyez prudent.
Ils viennent: c'est à nous à leur donner l'exemple.
Songeons qu'en ce moment chacun d'eux nous contemple.

SCÈNE IV.

(Les soldats de Porsenna arrivent des deux côtés du théâtre; Mutius est confondu parmi eux; on apporte un trépied sur lequel le feu sacré est alumé.)

PORSENNA, ARONS, MUTIUS, (suite).

MUTIUS. (à part).

(Appercevant Porsenna et Arons qui ont à peu près même costume.)

Que vois-je?.. qui des deux?..

(IL VEUT QUESTIONNER CEUX QUI L'ENTOURENT ET IL S'ARRÊTE).

Dieux conduisez mon bras !

VOYANT PORSENNA S'AVANCER ET ÉTENDRE LES MAINS VERS LE CIEL

Écoutons !..

PORSENNA.

Roi des Rois ! arbitre des combats,
Grand Jupiter ! ô toi, qui du céleste Empire,
Promènes tes regards sur tout ce qui respire !
Des perfides Romains le crime a du fraper
Ces regards éternels qu'on ne sauroit tromper :
Alliés de Tarquin, les Toscans plus fidelles
Sont armés pour l'aider à dompter ces rebelles.

MUTIUS. (A PART ET D'UN AIR ÉGARÉ).

C'est lui-même...

PORSENNA. (CONTINUE).

Déjà par des succès nombreux
Toi-même a couronné nos efforts glorieux :
Mais bravant ton courroux, Rome dans son naufrage
Lutte encor : Dieu puissant ! achève ton ouvrage !

MUTIUS PRET A S'ÉLANCER.

Frappons...

ARONS.

Oui, si tu veux conserver tes autels,
Par un terrible exemple étonne les mortels,
Et songe qu'en laissant avilir ton image,
Toi même tu perdrois tes droits à notre hommage.

MUTIUS. (A PART).

Ah ! voilà ma victime ! oui ce ton orgueilleux
Me décèle un tyran.

ARONS (s'adressant aux soldats).

Vous qui plus que les Dieux,
Par vos succès passés, par cette ardeur nouvelle
Qui déjà sur vos fronts, dans vos yeux étincelle,
D'un triomphe complet nous assurez l'honneur,
Braves soldats, c'est vous qu'invoque ma valeur.
Vous allez recueillir le fruit de vingt batailles;
Demain marchez à Rome; ébranlez ses murailles;
Et détruisant un peuple et sans frein et sans foi,
Montrez que les Toscans savent chérir leur Roi.

MUTIUS s'élançant et frapant Arons.

Leur Roi!.. meurs Porsenna.

(Frémissements d'indignation.)

ARONS.

Dieux!

PORSENNA.

Ciel! qu'on l'arrête
Soldats

MUTIUS se laissant saisir et désarmer tandis qu'on emporte Arons.

Rome est contente, et je t'offre ma tête.

PORSENNA aux soldas qui emportent Arons.

Ah si l'on peut encor le ravir au tombeau,
Que vos soins de ses jours rallumant le flambeau
Nous rendent un héros....

MUTIUS.

Ton espérance est vaine,
Va le trait est mortel; j'en atteste ma haine.

(Aux Toscans).

Soldats, c'est un Romain qui frappe de tels coups;

A l'audace d'un seul reconnoissez-les tous ;
Et ne vous flattez plus d'un succès impossible ;
Qui veut mourir ou vaincre est toujours invincible.

PORSENNA.

Tremble vil assassin.

MUTIUS.

Je triomphe !

PORSENNA.

A mes yeux !
Traitre ! qui donc es-tu ?

MUTIUS.

Mutius.

PORSENNA.

Justes dieux !
Mutius est vivant ! horrible perfidie !
Ah ! sans-doute... courez, amenez-moi Junie.

MUTIUS.

Ah ne l'accuse point : son ordre souverain
A long-temps retardé mon généreux dessein.

PORSENNA.

Elle en étoit instruite ! elle étoit ta complice,
Lorsque je lui tendois une main protectrice !
L'ingrate !.. mais bientôt.. de ton forfait, crois-moi,
Tu ne jouiras pas.

MUTIUS.

J'en jouis malgré toi.
Va tu peux te livrer à toute ta furie
J'ai rempli mon destin, j'ai vengé ma patrie.

SCÈNE V (ET DERNIÈRE).

LES MÊMES, JUNIE.

JUNIE SANS VOIR PORSENNA.

Mutius est-il vrai ? le tyran ...

MUTIUS.

Il n'est plus.

JUNIE.

Que vois-je! Porsenna!

MUTIUS.

Porsenna.

JUNIE.

Mutius

Qu'as-tu fait?

PORSENNA.

A mon nom tu te troubles, perfide,
Et ton courroux déçu regrette un régicide.

MUTIUS.

Et qui donc est tombé sous mes coups?

JUNIE.

O regrêt!

Ton glaive mal conduit n'a frappé qu'un sujet!

PORSENNA.

Et toi Junie aussi tu conspirois ma perte!

JUNIE.

Je l'ai dû. Cependant de la tombe entr'ouverte
Que n'ai-je point tenté pour détourner tes pas?
J'ai reculé l'instant marqué pour ton trépas.
Quand du courroux des Dieux je menaçois ta tête,
Des Dieux dont je crus être un plus sur interprête,
Mon zèle de ses coups vouloit te préserver.

PORSENNA.

Ah! par ce vain détour ne crois pas le sauver!

JUNIE.

Le sauver? Porsenna, tu connois mal Junie,

MUTIUS.

Oui j'ai commis un crime, il faut que je l'expie;
De ce bras indigné l'erreur fixe mon sort,
Frappe, tyran: tu vis; j'ai mérité la mort.

PORSENNA.

Je vais donc te servir en pressant ton supplice.
Mais Junie en ces lieux n'est point ton seul complice,
Traitre, nomme-les tous, ou par d'affreux tourments....

MUTIUS.

Je ris de ta menace en de pareils moments:
Songe-donc que je meurs victime volontaire,
Et quand on sait mourir, on sait aussi se taire.

PORSENNA.

Voyons s'il soutiendra ce front audacieux:
Qu'on apprête le fer; qu'on allume les feux.

MUTIUS. (PLONGEANT SA MAIN DANS LE FEU SACRÉ).

Tiens, vois, tyran.

PORSENNA (FRÉMISSANT D'HORREUR.

Dieux!

JUNIE. (AVEC UN CRI ÉTOUFFÉ).

Dieux! soutenez ma constance!

PORSENNA.

C'en est trop: qu'on l'arrache à sa propre vengeance.

MUTIUS TANDIS QU'ON RETIRE SA MAIN DES FLAMMES.

Non laissez moi punir cette infidelle main:
Romain, je sais agir et souffrir en Romain.

PORSENNA.

Eh! quoi! d'un œil serein, d'un front inaltérable!..
Ah! ce trait inouï me confond et m'accable!

Honteux de mes fureurs, forcé de l'admirer,
C'est moi qui suis vaincu !

(A MUTIUS

Tu viens de m'éclairer:
Ton intrépidité plus grande que ton crime
A te récompenser force enfin ta victime:
Sois libre Mutius.

MUTIUS.

Qu'entends-je?

JUNIE.

Justes Dieux!

MUTIUS.

Tu peux..!

PORSENNA.

Oui Mutius, sois libre;
(PRENANT LA MAIN DE JUNIE QU'IL JOINT A CELLE DE MUTIUS).
Et sois heureux.
Je ne suis que clément en te laissant la vie:
Mais je suis généreux en te rendant Junie.

MUTIUS.

Par ce double bienfait ne crois pas me tenter:
De l'ami des Tarquins je ne puis l'accepter;
Mais tu dois obtenir de ma reconnoisance
L'aveu que ne m'eut point arraché ta puissance.
Apprends donc que tout prêts à marcher sur mes pas,
Trois cents jeunes Romains ont juré ton trépas;
Que tous doivent tenter cette illustre conquête,
Et que leurs traits cachés n'en veulent qu'à ta tête;
Près de toi, dans ton camp, à toute heure, un poignard,
Dirigé vers ton cœur latteindra tôt ou tard.
Telle est la guerre enfin que, fidelle à sa haine,
Déclare à Porsenna la jeunesse Romaine.

PORSENNA.

L'accueil que tu reçois leur fera voir assez

Que je ne tremble point pour mes jours menacés;
Mais dussent tous les Rois m'accuser de foiblesse,
Je ne résiste plus au pouvoir qui me presse:
Un peuple où l'on immole à l'intérêt de tous
Et les biens les plus chers et les nœuds les plus doux,
Où, même quand ses traits sont lancés par Junie,
L'amour est moins puissant que ne l'est la patrie,
Ce peuple, je le sens, devoit être excepté:
IL EST NÉ POUR LA GLOIRE ET POUR LA LIBERTÉ;
Je cède donc aux Dieux, sauveurs de cet Empire,
Je cède à vos vertus, que malgré moi j'admire,
Et voulant d'un seul mot combler tous vos souhaits,
Je m'éloigne de Rome et demande la paix.

JUNIE.

Qu'a-t-il dit, ciel! ô Rome!

MUTIUS.

O prodige incroyable!

JUNIE.

Quoi! de tant de sagesse un Roi seroit capable!

MUTIUS.

La paix que tu consens enfin à demander,
Le sénat a lui seul le droit de l'accorder.
Je vais auprès de lui te servir d'interprète,
Et de tes légions annoncer la retraite:
Porsenna, tes bienfaits n'avoient pu me fléchir,
Ce bras, qui me restoit, bruloit de te punir;
Le devoir me forçoit d'être ingrat; ta clémence
Me force au doux plaisir de la reconnoissance.
Tu quittes nos remparts; Rome est libre; à ce prix
Je bénis mon erreur, et mes vœux sont remplis.

Fin Du Troisième Et Dernier Acte.

www.ingramcontent.com/pod-product-compliance
Ingram Content Group UK Ltd.
Pitfield, Milton Keynes, MK11 3LW, UK
UKHW032000260826
14628UKWH00005B/2175

9 782019 135324